# 醒来觉得甚是爱你

朱生豪 著
Morncolour 绘

中国致公出版社　知音动漫

Name ________

Tel ________

Email ________

Add. ________

我一天一天发现你的平凡，
同时却一天一天愈更深情地爱你。

# 目录

| | Monday | Tuesday | Wednesday | Thursda |
|---|---|---|---|---|

1
2
3
4
5
6
7
8
9
10
11
12

| Friday | Saturday | Sunday |
| --- | --- | --- |
| | | |
| | | |
| | | |
| | | |
| | | |
| | | |

| | Monday | Tuesday | Wednesday | Thursda |
|---|---|---|---|---|
| 1 | | | | |
| 2 | | | | |
| 3 | | | | |
| 4 | | | | |
| 5 | | | | |
| 6 | | | | |
| 7 | | | | |
| 8 | | | | |
| 9 | | | | |
| 10 | | | | |
| 11 | | | | |
| 12 | | | | |

| Friday | Saturday | Sunday |
| --- | --- | --- |
| | | |
| | | |
| | | |
| | | |
| | | |
| | | |

| | Monday | Tuesday | Wednesday | Thursda |
| --- | --- | --- | --- | --- |
| 1 | | | | |
| 2 | | | | |
| 3 | | | | |
| 4 | | | | |
| 5 | | | | |
| 6 | | | | |
| 7 | | | | |
| 8 | | | | |
| 9 | | | | |
| 10 | | | | |
| 11 | | | | |
| 12 | | | | |

| Friday | Saturday | Sunday |
|---|---|---|
| | | |
| | | |
| | | |
| | | |
| | | |
| | | |

| | Monday | Tuesday | Wednesday | Thursda |
|---|---|---|---|---|

1
2
3
4
5
6
7
8
9
10
11
12

| Friday | Saturday | Sunday |
| --- | --- | --- |
| | | |
| | | |
| | | |
| | | |
| | | |
| | | |

| | Monday | Tuesday | Wednesday | Thursda |
|---|---|---|---|---|
| 1 | | | | |
| 2 | | | | |
| 3 | | | | |
| 4 | | | | |
| 5 | | | | |
| 6 | | | | |
| 7 | | | | |
| 8 | | | | |
| 9 | | | | |
| 10 | | | | |
| 11 | | | | |
| 12 | | | | |

Friday

Saturday

Sunday

| | Monday | Tuesday | Wednesday | Thursday |
|---|---|---|---|---|
| 1 | | | | |
| 2 | | | | |
| 3 | | | | |
| 4 | | | | |
| 5 | | | | |
| 6 | | | | |
| 7 | | | | |
| 8 | | | | |
| 9 | | | | |
| 10 | | | | |
| 11 | | | | |
| 12 | | | | |

| Friday | Saturday | Sunday |
| --- | --- | --- |
| | | |
| | | |
| | | |
| | | |
| | | |
| | | |

| | Monday | Tuesday | Wednesday | Thursday |
|---|---|---|---|---|
| 1 | | | | |
| 2 | | | | |
| 3 | | | | |
| 4 | | | | |
| 5 | | | | |
| 6 | | | | |
| 7 | | | | |
| 8 | | | | |
| 9 | | | | |
| 10 | | | | |
| 11 | | | | |
| 12 | | | | |

| Friday | Saturday | Sunday |
| --- | --- | --- |
| | | |
| | | |
| | | |
| | | |
| | | |
| | | |

| | Monday | Tuesday | Wednesday | Thursday |
|---|---|---|---|---|

1
2
3
4
5
6
7
8
9
10
11
12

| Friday | Saturday | Sunday |
|---|---|---|
| | | |
| | | |
| | | |
| | | |
| | | |
| | | |

| | Monday | Tuesday | Wednesday | Thursday |
|---|---|---|---|---|
| 1 | | | | |
| 2 | | | | |
| 3 | | | | |
| 4 | | | | |
| 5 | | | | |
| 6 | | | | |
| 7 | | | | |
| 8 | | | | |
| 9 | | | | |
| 10 | | | | |
| 11 | | | | |
| 12 | | | | |

| Friday | Saturday | Sunday |
| --- | --- | --- |
| | | |
| | | |
| | | |
| | | |
| | | |
| | | |

| | Monday | Tuesday | Wednesday | Thursday |
|---|---|---|---|---|
| 1 | | | | |
| 2 | | | | |
| 3 | | | | |
| 4 | | | | |
| 5 | | | | |
| 6 | | | | |
| 7 | | | | |
| 8 | | | | |
| 9 | | | | |
| 10 | | | | |
| 11 | | | | |
| 12 | | | | |

| Friday | Saturday | Sunday |
| --- | --- | --- |
| | | |
| | | |
| | | |
| | | |
| | | |
| | | |

| | Monday | Tuesday | Wednesday | Thursday |
|---|---|---|---|---|

1
2
3
4
5
6
7
8
9
10
11
12

Friday Saturday Sunday

| | Monday | Tuesday | Wednesday | Thursday |
|---|---|---|---|---|
| 1 | | | | |
| 2 | | | | |
| 3 | | | | |
| 4 | | | | |
| 5 | | | | |
| 6 | | | | |
| 7 | | | | |
| 8 | | | | |
| 9 | | | | |
| 10 | | | | |
| 11 | | | | |
| 12 | | | | |

| Friday | Saturday | Sunday |
| --- | --- | --- |
| | | |
| | | |
| | | |
| | | |
| | | |
| | | |

# 第一夜

## 第［008］封 冤家

不知道为什么和你一认识之后，

便像被一根绳紧紧牵系住一样，

怪不自由的，

心也不能像从前一样轻了，

但同时却又真觉得比从前幸福得多。

Monday

Tuesday

Wednesday

Thursday

Friday

Saturday

Sunday

我想要在茅亭里看雨，假山边看蚂蚁，看蝴蝶恋爱，看蜘蛛结网，看水，看船，看云，看瀑布，看宋清如甜甜地睡觉。

# 第二夜

## 第 [ 009 ] 封 慰藉

我只愿意凭着这一点灵感的相通，

时时带给彼此以慰藉，

“像流星的光辉，照耀我疲惫的梦寐，

永远存一个安慰，纵然在别离的时候。”

Monday

Tuesday

Wednesday

Thursday

Friday

Saturday

Sunday

我们的灵魂都是想飞、想浪漫的，但我们仍然局促在地上，

像绵羊一样驯服地听从着命运，你说这不算温柔吗？

# 第三夜

## 第［014］封 音乐

愿上帝祝福你的灵魂永远是一朵不谢的美丽的花！

我能想着你，

梦着你，

神魂依恋着你，

我是幸福的。

Monday

Tuesday

Wednesday

Thursday

Friday

Saturday

Sunday

我把我的灵魂封在这封信里，你去旅行的时候，

请把它随身带在口袋里，挈带它同去玩玩，但不许把它失落在路上。

第四夜

## 第［016］封 欢喜

渴望着信来的时候，

每一分钟都是一个世纪，

每一点钟是一个无穷。

然而想着你是幸福的在家里，

竚念的心，

也总算有了安慰。

Monday

Tuesday

Wednesday

Thursday

Friday

Saturday

Sunday

我爱你像爱一首诗一样。

# 第五夜

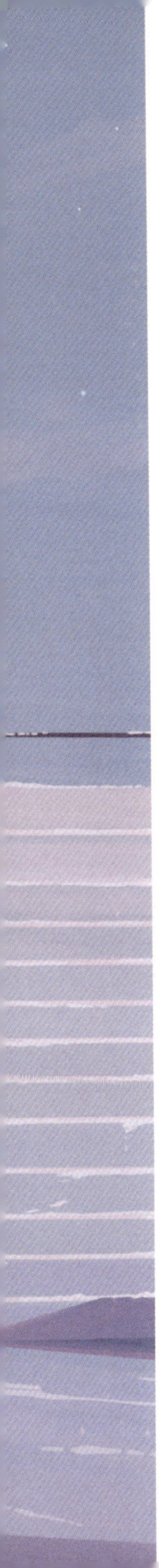

## 第［019］封 爱你

想把你抱起来高高地丢到天上去。

醒来觉得甚是爱你。

Monday

Tuesday

Wednesday

Thursday

Friday

Saturday

Sunday

为了你，我也有走向光明的热望，世界不会于我太寂寞。

第六夜

## 第［020］封 美梦

如果我想要做一个梦，

世界是一片大的草原，

山在远处，

青天在顶上，

溪流在足下，

鸟声在树上，

如睡眠的静谧，

没有一个人，

只有你我，

在一起跳着飞着躲着捉迷藏，

你允不允许？

因为你不允许我做的梦，

我不敢做的。

我不是诗人，

否则一定要做一些可爱的梦，

为着你的缘故。

我不能写一首世间最美的抒情诗给你，

这将是我终生抱憾的事。

我多么愿意自己是个诗人，

只是为了你的缘故。

Monday

Tuesday

Wednesday

Thursday

Friday

Saturday

Sunday

我想作诗，写雨，写夜的相思，写你，写不出。

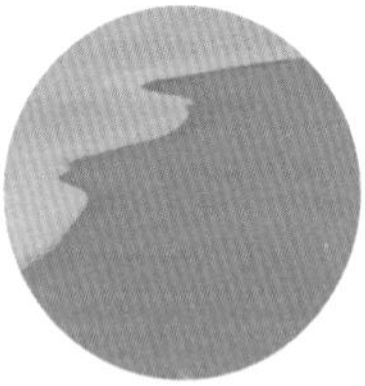

# 第七夜

## 第［030］封 梦魇

今晚这窗前月亮亮，

我睡着也可以看见。

仿佛我的眼睛盲了。

仿佛我突然要问你一句话，

我死了之后，

你肯为我流泪不？

Monday

Tuesday

Wednesday

Thursday

Friday

Saturday

Sunday

我待你好，你也不要不待我好。

# 第八夜

## 第［043］封 气馁

等到再看见你时，

我又老了一百岁了。

作算我再能看见你三十次，

作算每次都是整整的一天，

作算我们还有三十年好活，

那么我还有 10927.5 天不看见你，

30 天看见你，

这比例叫人气馁。

Monday

Tuesday

Wednesday

Thursday

Friday

Saturday

Sunday

纸上洒了几滴水，当作眼泪。

# 第九夜

## 第［053］封 折磨

我很悲伤，

因为知道我们死后将不会在一起，

你一定到天上去无疑，

我却已把灵魂卖给魔鬼了，

不知天堂与地狱之间，

许不许通信。

Monday

Tuesday

Wednesday

Thursday

Friday

Saturday

Sunday

平淡得乏味，你总不肯跟我吵吵架儿。

连烦恼都没有寻处，简直活不了。

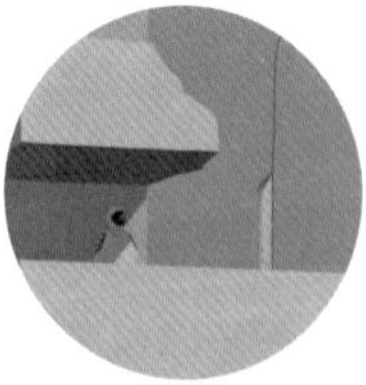

# 第十夜

## 第［064］封 平凡

我一定不笑你，因为我没有资格笑你。

我们都是世上多余的人，但至少我们对于彼此都是世上最重要的人。

Monday

Tuesday

Wednesday

Thursday

Friday

Saturday

Sunday

越是想你，越没有梦，福薄缘悭，一至于此！

# 第十一夜

## 第[082]封 丧气

我渴想拥抱你，

对你说一千句温柔的蠢话，

然这样的话只能在纸上我才能好意思写写，

即使在想象中我见了你也将羞愧而低头，

你是如此可爱而残忍。

Monday

Tuesday

Wednesday

Thursday

Friday

Saturday

Sunday

我知道你顶明白我，但还巴不得把心的每一个角落给你看才痛快。

第十二夜

## 第[ 091 ]封 人生(1)

你是个美丽而可爱的人，

春天、夏天、秋天和冬天的精神合起来画成了你的身体和灵魂，

你要我以怎样的方式歌颂你？

Monday

Tuesday

Wednesday

Thursday

Friday

Saturday

Sunday

春天虽然去了，还能让它做着春天的梦吗？虽然是远隔着，

在梦里我不愿离开你，永远。

# 第十三夜

## 第［094］封 心血

能够把自己的生命弄得悲剧一些总是有意思，

无可奈何的是

怎么也不过是一个悲喜剧里连叫人发笑或怜悯都不配的小丑，

受着运命和性格中弱点的支配，

一点也做不了主宰，

生活得像蚂蚁一般微末，

那真太可怜了。

Monday

Tuesday

Wednesday

Thursday

Friday

Saturday

Sunday

愿煦风和日永远卫护着可爱的你，愿你带着满心的春笑回来。

# 第十四夜

## 第［149］封 灵魂（53）

你想不出此刻我是多少快乐，

快乐得想哭。

谁比我更幸福呢？

比起你来，

我也是要幸福得多，

因为我的朋友是一个天使，

而你的朋友只是一个傻小子。

Monday

Tuesday

Wednesday

Thursday

Friday

Saturday

Sunday

除了你之外，我愿意忘记一切，一切都只是梦而已，只让我相信你是真实，我爱你是无限的。

# 第十五夜

## 第［166］封 凝望

让我们不要胡思乱想，

好好地活着吧。

在我的心目中，

你永远是那样可爱的，

这已然是一个牢不可拔的成见了。

无论怎样远隔着，

我的心永远跟你在一起，

如果没有你，

生命对于我将是不可堪的。

Monday

Tuesday

Wednesday

Thursday

Friday

Saturday

Sunday

这里一切都是丑的，风、雨、太阳，都丑，人也丑，我也丑得很。只有你是青天一样可羡。

第十六夜

## 第［178］封 气恨

其实如果有眼睛而不能见你，

那么还是让它瞎了吧，

有耳朵而不能听见你的声音，

那么还是让它聋了吧，

多少也安静一点。

只要让心不要死去，

因为它还能想你。

Monday

Tuesday

Wednesday

Thursday

Friday

Saturday

Sunday

亲爱的小鬼，我要对你说些什么肉麻的话才好耶？我只想吃了你，吃了你。

# 第十七夜

## 第［212］封 贫弱

如果你要为我祝福，

祝我每夜做一个好梦吧，

让每一个梦里有一个你。

如果现实的缺憾可以藉做梦来弥补一下，

也许我可以不致厌世。

Monday

Tuesday

Wednesday

Thursday

Friday

Saturday

Sunday

我渴望和你打架，也渴望抱抱你。

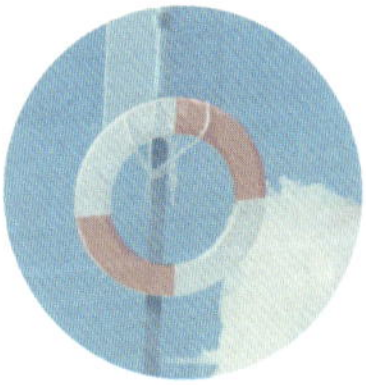

# 第十八夜

## 第［218］封 萧条

一个人无论怎样幸福怎样快乐，

如果他的喜乐只有自己一个人知道，

更没有一个可以告诉的人，

总是非常寂寞的。

Monday

Tuesday

Wednesday

Thursday

Friday

Saturday

Sunday

你也许不是一切人的天使，但至少你是我的天使。

# 第十九夜

## 第［236］封 稽首

太阳、月亮、火炉、钢笔、牛津简明字典，

一起为我证明我对于你的忠心永无变更，

不胜诚惶诚恐之至，

臣稽首。

Monday

Tuesday

Wednesday

Thursday

Friday

Saturday

Sunday

我爱你，凡不爱你的人都是傻子。在我的心中眼中以及一切感官中，你都是美到无可言喻。

第二十夜

## 第［308］封 思念

昨夜一夜天在听着雨声中度过，

要是我们两人一同在雨声里做梦，

那境界是如何不同，

或者一同在雨声里失眠，

那也是何等有味。

可是这雨好像永远下不住似的，

夜也好像永远过不完似的，

一滴一滴掉在我的灵魂上……

Monday

Tuesday

Wednesday

Thursday

Friday

Saturday

Sunday

一个浪漫的人，笑与眼泪是随身的法宝，你如不会笑，至少还够不上浪漫。

我希望你不要比我先死，但如果我比你先死我也要恨的，最好我们活同样年纪。我很愿我们都活三百岁，无论做人怎样无聊，怎样麻烦，有你在一起总值得活。

选题策划：知音动漫 · 绘心坊
原著：朱生豪
责任编辑：李　薇
策划编辑：胡梦怡　王　钰
装帧设计：王　钰
封面 & 内文插图：MORNCOLOUR

## 作者简介

朱生豪

浙江嘉兴人，诗人、翻译家。

父母早丧，在之江大学的最后一年与宋清如结识。毕业后，二人相恋，通信近十年，至 1942 年，二人终结为伴侣，相知相守。婚后，朱生豪一直坚持翻译莎士比亚著作的事业，1944 年末因病去世。

MORNCOLOUR

插画师，涂鸦王国资深认证画师、新浪微博认证画师、站酷推荐插画师。

代表作：

《凉生，我们可不可以不忧伤》插画海报，网易游戏 sky 光遇官方同人插画，索尼音乐娱乐（日本）唱片专辑封面插画。

**图书在版编目（CIP）数据**

醒来觉得甚是爱你 / 朱生豪著；MORNCOLOUR 绘 . --
北京：中国致公出版社，2019
ISBN 978-7-5145-1416-2

Ⅰ . ①醒… Ⅱ . ①朱… ② M… Ⅲ . ①朱生豪（1912-
1944）- 书信集 Ⅳ . ① K825.5

中国版本图书馆 CIP 数据核字 (2019) 第 147761 号

醒来觉得甚是爱你 朱生豪 著

| | |
|---|---|
| 出　　版 | 中国致公出版社<br>（北京市朝阳区八里庄西里 100 号住邦 2000 大厦 1 号楼西区 21 层） |
| 出　　品 | 知音动漫图书 · 绘心坊 / 时光纪<br>（武汉市东湖路 179 号） |
| 发　　行 | 中国致公出版社（010-66121708） |
| 责任编辑 | 李　薇 |
| 装帧设计 | 王　钰 |
| 插画绘制 | MORNCOLOUR |
| 印　　刷 | 武汉市金港彩印有限公司 |
| 版　　次 | 2019 年 12 月第 1 版 |
| 印　　次 | 2019 年 12 月第 1 次印刷 |
| 开　　本 | 889mm × 1194mm　1/32 |
| 印　　张 | 6 |
| 书　　号 | ISBN 978-7-5145-1416-2 |
| 定　　价 | 39.80 元 |